あなたは見た目で損するザンネンマン

仕事ができる
〝キラリーマン！〟

〝きらりと〟光るビジネスマン！…
だから略して〝キラリーマン〟

キラリーマン評論家・
イメージアップアドバイザー
余語 まりあ

〈今すぐチェック！ 〝ザンネンマン〟診断〉

～あなたは見た目で損するザンネンマン？～

□仕事において、外見パワーを信じていない。
□ソーシャルメディアにおけるアイコン、写真などは関係ないと思っている。
□今の自分のありのままをわかって欲しいと思っている。
□自分の成功イメージを、具体的に持っていない。
□いまさら、女性にモテたいと思っていない。

□ファッション雑誌は見ない。
□テレビ・映画などないよう重視でファッションなど興味がない。
□各局のキャスターのファッションなど、特に見ない。
□女性目線は考えない。
□自分の今日のテーマや目的をファッションで表現しない。

□毎日同じようなスタイルになってしまう。
□ネクタイの柄はどれも同じになってしまう。
□似合うスーツスタイルを知らない。
□同じようなスーツが多い。
□似合う色を知らない。

今すぐチェック！〝ザンネンマン〟診断

□サイズがちょっとぐらい合わなくても平気だ。
□流行など関係ない。
□服は人任せだ。
□スーツの色はほとんど決まっている。
□靴にはこだわらない。
□シャツの襟型は意識したことがない。
□スーツのポケットには沢山モノが入っている。
□匂いを意識したことがない。
□男に基礎化粧品なんて必要ないと思っている。
□一日朝晩しか自分の顔を見ない。
□自分は無臭だと思っている。
□自分の中身さえあればイケると思っている。

0〜3　かなり〝キラリーマン〟
4〜7　やや〝キラリーマン〟
8〜11　ちょっと〝ザンネンマン〟
12〜15　かなり〝ザンネンマン〟
16〜　危ない〝ザンネンマン〟

章とタイトル	効果と活用法
第一章 1～4	・新しい時代でビジネスが成功する方法がわかります。 ・自分自身がビジネスツールだと気づかされます。 ・今からでも遅くないことがわかります。
第二章 1～7	・イメージを持つことでなりたい自分がわかります。 ・情報は自分の身の回りに沢山あることがわかります。 ・お金をそんなにかけることなくなりたい自分になれます。
第三章 1～7	・自分の魅力がわかります。 ・自分に似合うものを見つける方法がわかります。 ・自分を客観視することができます。
第四章 1～6	・スタイル UP してみえます。 ・自己演出で仕事力が UP します。 ・スーツスタイルが楽しめます。
第五章 1～7	・好感度が UP します。 ・女性からの評価が UP します。 ・年齢を活かすことができます。
第六章 1～9	・専門家がいなくても自分で出来ます。 ・イベントも上手に活かせます。 ・お手軽なところからスタートできます。 ・明日からでもチャレンジできます。

目　次

はじめに

あなたの第一印象は間違って魅せてませんか？
仕事の能力が高いのに、見た目で損する〝ザンネンマン〟になってませんか？
今やリアルな出会いはもとより
ソーシャルメディアというツールが外せない時代において
見た目の重要性を唱える本は数多くあります。
なぜ〝ザンネンマン〟で、どうしたら仕事ができ、
きらりと光る〝キラリーマン〟になれるか？
〝キラリーマン〟になるには、
自分でセルフプロデュース能力を身につけていればいいのです
いくつになっても、どのような状況においても
その時々の〝キラリーマン〟になれるはず！
あなたが目的に向かって進むとき
「成功イメージ」は、少なからずもぼんやりと描いてますよね
それはどんなイメージですか？

◆地位や名誉が得られたイメージですか？
◆物の値段を見ずになんでも買えるほどのお金を持つことですか？
◆素敵な女性に囲まれてニコニコしているところですか？
◆ほどよい金銭の蓄えもあり、健康で毎日楽しい老後送ることですか？

まず、きらりと光る〝キラリーマン〟になるには
自分の成功イメージを持つことからスタートです。

手にとったあなたが、もし見た目で損する〝ザンネンマン〟なら
イメージ→分析→演出の3ステップを行えば
きらりと光る〝キラリーマン〟間違いなしです！
また、いやいや私は、すでにきらりと光る〝キラリーマン〟というあなたは
さらに〝**輝くキラリーマン**〟になれるはずです！
どうぞ、お気軽にお楽しみください。

第一章
〝キラリーマン〟とは???

1　そもそも〝キラリーマン〟って？

〝キラリーマン〟とは　自分の売り方をイメージ→分析→演出できて
〝きらりと光る〟ビジネスマンのこと。

まず、そもそもイメージって？
その方によって〝イメージ〟という言葉から連想されることが違います。

・Ｗｅｂに関連していらっしゃる方には…Ｗｅｂデザインイメージ
・名刺、封筒など紙ベースでいらっしゃる方には…紙デザインイメージ

要は、人ではなく、なにかモノに関するデザインのイメージ戦略のことを連想されます。

私がお伝えしているイメージは見た目を使ったメッセージです。

見た目を使ったメッセージは、
戦略として外せないのです。

では　なぜ今なのでしょうか?

SMAP「世界に一つだけの花」が大ヒットし
あれは反戦ソングとも言われておりますが…。

一般人の感覚は「みんな違ってみんないい!」
そんな価値観に変わってきました

一方、学校では競争することを極端にさけ、
運動会でも100m走・リレー・騎馬戦など
かつて盛り上がった競技は、ナシの方向へ…。
でも資本主義のこの世界では
〝競争〟がなくなるのは想定外ですよね。
アメリカを中心とする外国では

〝キラリーマン〟とは？？？

もともと肌の色も、　瞳の色も、　髪の色も
違うのが当たり前。

でも日本は、　人と同じで安心するところがあります

ファッションにおいても、
流行を自分のものにするというより
そのまま取り入れようとする傾向が高いです。

でも今のように世の中に、
モノが飽和状態になると
何で差別するかというと

やっぱり
個としての〝**人としての魅力**〟に更にクローズアップ

そこでビジネス本でも

「見た目が9割」をはじめとして
人の第一印象を効果的に使う内容のものも続々出版されてます

かつてビジネス本といえば、
「トヨタ」「ソニー」「ホンダ」などの
大企業の成功事例を元にしたものが多かったのに
いまや、「時間の使い方」「手帳の使い方」「コミュニケーションのとり方」など
個人のスキルを磨くタイプのものも続々

個の魅力に焦点が絞られているのがわかります

そこで**〝人としての魅力〟を戦略として捉え、具現化する↓売れる↓〝キラリーマン〟**
その方の内面の魅力はもとより
見た目パワーを使ったまさに〝イメージ戦略〟ですね
名刺、ＨＰ、Ｗｅｂデザイン、などの

デザインイメージ戦略の専門家がいらっしゃるように
この本はあなたを「見た目最大限パワー」を使って成功へ導き
人と人とが作り出す空気感を最大限に活かして
きらりと光るビジネスマン＝〝キラリーマン〟になっていただけたらと思います。

2 〝キラリーマン〟というブランド

単に魅せることでなく、目的に応じた魅せ方こそ＝
〝キラリーマン〟ならではのイメージ戦略

その例として
＊高級チョコVSお手軽チョコ的＊魅せ方を！
専門店で展開される高級チョコと、

コンビニエンスストアにあるようなお手軽チョコ
どちらも好きですが

価格・売り方・場所・コンセプトなどで
箱、包装紙、ロゴなどトータルパッケージ

〝魅せ方〟が違います

どちらの〝魅せ方〟もありです
ゴールによって魅せることも意識することが
高級チョコとお手軽チョコが売れるための
パッケージなどであり

人においてはあなたの見た目をいかして商品化することが
外見パワーのイメージ戦略です

ここで誤ってはならないのは

キレイにパケージすること、
人に置き換えると、
皆がモデルさんのようにスタイルも細く、
服も着こなすことを求めることではありません。

あくまで　**自分らしい魅せ方**です。

〝キラリーマン〟とは？？？

〝キラリーマン〟は**「イメージ戦略」を行い↓「ブランド化」する！**
単にカッコよく、素敵になるような
商品をラッピングなどでプレゼントように
飾ることではありません
黒、白のちょっとした違いでも
印象って違いますよね
例えば、冬のニュースで毎年のように

街中にも出没しているクマ
（エサがなくて降りてきてちょっと
可哀想に思えますが…）

「黒いクマ」は怖くて「白クマ」は可愛いといわれたりします。

〝キラリーマン〟の「イメージ戦略」は
単に着飾ることではなく
このような目的という方針を立て

自分&自分を取り巻く環境を知り
どのようにすればいいかを知ることです。
あなたの中に自分革命にもなる
イメージ戦略トライしてみませんか？

ただし
男性と女性の**〝きらり〟と感じる**ポイントは違います。

次の章では、そちらをお伝えします。

3　それぞれのイメージの違い　男VS女

この本のタイトル
仕事ができる〝キラリーマン〟見た目で損する〝ザンネンマン〟
と書いておりますが、
実はこの「できる！」
男性と女性の中での受け止めかたはかなり違います

男性の中の〝デキる〟＝成功を手に入れる！
　ビジネス＞プライベート

女性の中の〝できる〟＝なりたい自分になる！
　ビジネス＜プライベート

日本においての特徴なのかもしれませんが
男性はあくまで、仕事の成功
↓プライベートの成功イメージ。

女性はなりたい自分になり、
自分らしく輝くプライベート
↓仕事も含めてのライフスタイルの成功イメージ

あなたの〝できるイメージ！　〝成功とマッチしていますか？

個人コンサルティングをお引き受けする際には、
その意識の度合いをヒヤリングの中で更にお聞きしております。
行っております。

そうです！

もともとの〝デキる〟のイメージが違うのですから
アプローチの方針＝戦略も変わりますし
具体的なアプローチの仕方＝戦術も変わって来ます。

どうして男性と女性の成功イメージはそもそも違うのでしょうか？
それはもともと、
男性と女性の役割の違いからのこともあります

大昔、男性は狩に出て、女性は稲作・畑などで
子供を育てながらいる時代から

男性はより自分の遺伝子を残すため
女性は、自分より、よりいい遺伝子を残すために
カップルになり子孫を残して現在に至っています。

そのために男性は　狩での評価＝仕事
女性は、いい男性を得ること＝グレードの高いにライフスタイル
が根底にあると思うのです。

そのため女性はいい男性を得て、自己実現するためには
「見た目パワー」は重要視されていたかも…

しかし段々、女性も社会進出が進むと
お互いそれだけでない価値観がうまれつつありますよね

まさに「イケメン」なんて言葉がその例
昔は容姿を現す言葉は女性のもの
そんな風であったものが
女性も社会進出をはじめ、実は同時にいくつかできる女性が
効率仕事をこなせるケースも出て来てますよね

昨今、驚いたのは

〝キラリーマン〟とは？？？

２０１０年10月上映された「男性版大奥」の映画。
「大奥」といえば
将軍は男性、そして女性のみ男性禁止のある特殊な面で引き抜かれた女性達の世界
ある特殊な面は、圧倒的に外見的なことが多く、それで寵愛をうければ
将軍の母にもなれる世界です。

しかし、この映画は　逆発想。

それだけ世の中の価値観は変わりつつあります！
イケメンのご主人をゲットして、家庭のことはご主人
自分は外で稼ぐ…そんなライフスタイルも今となっては有り！と
なってきています。
どういうスタイルであれ、
↓その先にビジネスだけに限らない〝成功〟イメージできるかが基本ですね。
女性の場合は、勿論仕事のスキルを磨くことでも評価される土壌は
現代ではだいぶありますが

ビジュアルであらわしたほうが早いのも事実ですし、
評価されやすい。

それならそれを味方にしましょう
へんにかたくなに、なればするほど
自分の成功イメージが遠のいてしまうので要注意です。

4 企業の中でのポジショニングはＡＫＢ４８に学ぶ

イメージ戦略を個人で取り入れる場合を前提にしてすすめておりますが
では企業様などグループ単位で捉えるには
どうしたらいいでしょうか？
これからは企業がどれだけの人を揃えられるかも課題だと思います。

〝キラリーマン〟とは？？？

人材→人財へとする為には
いわゆるＡＫＢ４８式です！

一人のものに全てのターゲットに対応する強みをつけるのが
難しければ、既に持っている個々の特徴を活かして、伸ばして
企業・または部署、プロジェクト、グループで
一人ひとりの強みを活かし、いわゆるファン化を行っていき
その集合体が、全てのニーズを網羅できる！
秋元康的なプロデュースできる人がいれば
上手くコントロールして
誰がセンターを取れるか、競わせながら育て上げるそんな上司がいれば
かなりいい集合体が出来ると思います。
いまやそんなグループは大流行ですよね。
元祖はＳＭＡＰですが、ＥＸＩＬＥもあんなに人数増やしてどうするのかと
思いましたが…テレビ番組「ＥＸＩＬＥ魂」を観ていると
かなり個人の魅力を引き出して来ているので
より個々にファンがついて、全員で歌う時の盛り上がりは更にアップしていますよね。

いわゆるチームでも、個々の個性を十分に引き出して
〝ブランディング化〟してからのほうが
よりチームとしての魅力も増えるということですね。

プロデューサー的存在になれる人は
まず〝**イメージ戦略**〟を身につけ、戦略を一緒にたてられるような
スキルがある〝キラリーマン上司〟ですね。

第二章
〝キラリーマン〟はなりたいイメージを持っている!

1　〝成功イメージ〟の作り方

あなたが目的に向かって進むとき
「成功イメージ」を自然に頭の中で描いてますよね

それはどんなイメージですか？

「はじめに」にも書きましたが
◆企業の社長になることですか？
◆社内で営業成績でトップになることですか？
◆素敵な女性に囲まれてニコニコしているところですか？
◆Eクラスのベンツに乗りグッチのスーツを着ていることですか？
◆ほどよい金銭の蓄えもあり、健康で毎日楽しい老後送ることですか？

まず〝キラリーマン〟は
自分の成功イメージを持つことからスタートです

〝キラリーマン〟は、なりたいイメージを持っている

マラソンでもそうですが、ゴール設定して
どこに向かっていくか決めて走らないと、
走る気にもなりませんよね。

走りきれるかどうかは
この「成功イメージ」を持てるかどうかにかかっています

そしてその「成功イメージ」を先々に〝見た目で魅せて〟いく戦略！

それが**きらりと光るビジネスマン＝キラリーマン！のイメージ戦略**なのです

そのための**イメージ作りのプロセス**は次に！

2　リアル自分を知ろう

〝キラリーマン〟に限りませんが
〝なりたいイメージ…成功イメージ〟を具現化する第一歩は
★リアル自分を知ること★です

様々なリアル自分を知る方法はございますが
私の中での分析は二通りあります
◆その方が既にお持ちの**個性分析**
◆その方を取り巻く**環境の分析**

この二点です。

しかし、その前にいったい自分はどの方向に向かって走りたいのか、いくつか質問に沿ってイメージを膨らませて行ってください。

①今のあなたは〝車を運転する状態〟としたらどのような感じですか?

・アクセルを踏みっぱなしで高速を走るイメージ
・時速40キロぐらいでゆっくり街中を走るイメージ
・車庫入れしているイメージ…など

車を運転されない方なら、
今の自分を一日でたとえたら朝・昼・夕方のような際
どの時間帯なのか考えてみてください。

②自分のなりたい男性像を具体的に言葉で表現できますか？

・例えば、「いつまでも少年のように自由で冒険心を持っていたい」「知的で大人の雰囲気と落ち着きがあるようでいたい」など様々なイメージが脳裏に浮かびますか？

・もし浮かばないのであれば、まずはそこから意識してみましょう。

③具体的な国別…イタリア、フランス、アメリカなどのようにイメージされる国

そこから、ライフスタイルもイメージしてみましょう

例えば、自分のどのようなビジネススタイルを送りたいか？
どの国の車にのってみたいですか？
休日はどのように過ごしたいか？

このことは〝成功イメージ〟にも大きな差が生じるので
大事な自己ゴール設定ですね

自分のゴールを明確にする作業の結果はきっと！
できた方　できない方　になっていると思います。

そのような方にはまず
自分の設定ゴールをイメージデザインできる
具体的＆お手軽な方法
をお伝えします。

3「テレビドラマ」で学ぼう

そもそも男性にどのようなイメージになりたいですか？とお聞きすると女性よりも　そのイメージ力は弱いです。

なかなかご自身の頭の中で「映像化」しにくい方におすすめの方法！
ご覧になっていらっしゃらない方も多いとは思いますが、

例えば、２０１０・秋のＴＶドラマ
「黄金の豚」

会計検査庁のメンバーということで
スーツ姿が勢ぞろい

仕事柄、派手なスーツはないですが

個々の役柄による個性を〝ネクタイ〟で現しているのが面白い
男性５名のいわゆる年齢別スーツスタイルの参考にできます。

スーツスタイルの基本路線　国別で言えば「イギリス的な着こなし」
オーソドックスな路線ですね。

〝キラリーマン〟は、なりたいイメージを持っている

一番若い「岡田将生」風↓雑誌「Ｇａｉｎｅｒ」的スタイル
「大泉洋」「桐谷健太」風↓雑誌「ＭＥＮ，Ｓ　ＣＬＵＢ」

それでもキャラの違う二人のネクタイチョイス
スーツの色、柄を見ると面白い。

かなり大人のテクニックがいる感じでは
実際はかなり高齢の「宇津井　健」演じているキャラクターの
オシャレは心憎さのポイントがいっぱい。
チーフの使い方
シャツの柄とネクタイとスーツの色のバランス
そして細部までのこだわり
オシャレは足元からというように
「靴」「靴下」
「生瀬勝久」扮するキャラクターは
組織の中でのポジションと部下との調和重視な雰囲気の
「グレーのスーツ」、無難、穏やか、頼りになる

そんなスーツスタイルをあらわしていました。
こんな風にテレビドラマも、視点を変えると面白いし
見方も沢山楽しめます。
ドラマの最後のテロップには
「提供先」のメーカーなどもわかります！
そこだけでも録画しておくと
お店選びの参考にもなりますね。
どんなときでのオシャレをお手軽に楽しめるのは
「TVドラマ」です。

4「洋画」さえもこう観よう

プライベートのくつろぎタイムでも

〝キラリーマン〟は洋画をこんな風に観ませんか?

男性が大好きなアクションもの
ストーリーのスピード感、スケールの大きさは
洋画はやはり邦画よりかなり違いますね
ただＤＶＤ借りてきて、ストーリーだけ観ているのでは
もったいないです。

〝キラリーマン〟はもともと洋画好き!

それもかなり…きっと映画内に出てくる〝クルマ〟には
目のない方もいらっしゃるかも

そこでちょっと視点を変えて
スターのファッションに注目してみませんか？

例えば、２０１０年公開された「ナイト＆デイ」

トムクルーズのファッションは
英・仏・伊太利亜　テイストではなく
まさしく〝アメリカ〟風
一般にもしアメリカ風ファッションにしようとするなら
お店は？
お手軽な「ＧＡＰ」はいかがですか？

２０１１年春の「ＧＡＰ」もそうでしたが
やはりこの映画のような「Ｇシャツ」がおススメ。

寒くなってきたら、中にタートルなど組み合わせてもいいですよね。

その際にはゲージが太目のもののほうがちょっとスリムに見えます。
その他にはきれい目なグレーがおススメ。

こんな風に、〝キラリーマン〟に近づくために
洋画鑑賞には沢山の情報が満載
ぜひ〝キラリーマン〟の映画には〝キラリー女《ジョ》〟も
恋愛ネタで必ず登場しますので、
「こんな男性にはこんな女性ね」という視点で
カップルで鑑賞も　参考になります！

できる男！の要素をいれてきらりと光る〝ギラリーマン〟は作られると思います。

さてそこでもう一つ。

5「雑誌」さえもこう使おう

「成功イメージ」を具現化するのに
お手軽に♪　費用もかからなく
継続することが大事なポイント

テレビ・映画ときたら、そのイメージ化に視覚情報が多いのはお分かりですよね？

〝キラリーマン〟は、なりたいイメージを持っている

次にご紹介いたしますのは「雑誌の使い方」です。

皆さんは好きな雑誌、必ず購入または読むファッション誌ってございますか？

ファッション誌は、女性だけのものって思っていらっしゃいませんか？

いえいえ、それは大間違い！

男性もぜひ自分のなりたいイメージが静止した映像でリアルに**見えるもの＝それが「雑誌」です！**

ではどのようにして**自分に合う「雑誌」を選ぶか**ですよね？

「雑誌」とは…

読者を設定して出版社が出しているものですよね。

◆男？　女？
◆年齢？
◆ライフスタイルは？
◆興味あることは？
◆金銭感覚は？
◆なにを求めているか？

そんな読者を設定して、様々な雑誌が発行されております

雑誌の表紙をみるだけで
色んなことが見えてきます！

表紙のモデル　そのヘアメイク、ファッション全て
雑誌のコンセプトと連動していますよね。

だったら、自分の〝なりたいイメージ〟の雑誌を日々読まれることをおすすめします。

そこに自分の憧れるライフスタイル！
具体的にはそのライフスタイルを送る人が好むもの
車・時計・化粧品・お酒・お店などから
実際に身につけるファッションアイテムまでわかるのが
「雑誌」なのです。

書店で「雑誌」が並んでいて、そこから見つけるのが
難しい方は、グーグル、ヤフー検索で
「男性雑誌　コンセプト」といれますと一覧表が出てまいります！
その中で自分の成功イメージからの
キーワードを含んでいる「雑誌」にめぐり合えると世界は広がりますよね。

6 女性ファッションにも敏感に！

〝キラリーマン〟は自分のファッションのみならず

「自分が一緒に居たい」と思う女性のファッションにも
実はこだわりが…

でもそれは決して悪いことではなく
自分と一緒に居る女性と共に高めあう関係も
素晴らしいですよね。

あれこれ、細かく指図するのはどうかと思いますが

自分がファッションに投影しているイメージ、
それが自分ブランド価値を表現するものとして
話せば女性もきっと一緒に楽しんでくれるはず

恋活&婚活でもお話するのですが
自分の人生・ライフスタイルに合うイメージの異性と
お付き合いしたければ

〝キラリーマン〟は、なりたいイメージを持っている

先ずは、自分がそのイメージを作ること

それをしないで、自分の好きな感じの異性と出会えたりは難しいものです。

〝キラリーマン〟は自分のファッションはもとより

自分がどのような女性のファッションが好きかなと

改めて考えてみましょう。

そのような女性は、はたして自分の表現しているファッションと

ヒットしているかどうか

よく似たもの同士といいますが

やはりファッション傾向は、性格とも一致してくると思います。

個人コンサルティングの際の「パーソナルチェック表」にもあらわれております。

7 選挙こそ魅せ方を学ぶいいチャンス

選挙シーズンになると、
連日テレビなど映像で「**魅せるテクニック**」を実際にわかりやすい題材が沢山！

基本的に、日本の政治家は
やはり「パーフォーマンス」能力は低いと思うのですが、それでも
この時代取り入れなくてはと必死さは伝わってまいります。

私は選挙シーズンになると
公約よりどちらかというと「魅せ方」が上手い下手を尺度にしてしまいます。

自分の魅せ方もわからないようでは、
「日本」の中で様々な状況の人の生活をイメージ出来ないと思うのです。
そのような意味でも自分を上手に魅せられる人にはこのような印象がつきます。

◆カリスマ性
◆強いリーダーシップと冷静な判断力
◆臨機応変さ
◆メッセージが明確でわかりやすい
◆実績とかデーターではなく、感性に響く

そうなのです。
やはり脳の本当にシンプルな部分で「好きＯＲ嫌い」で決まると言われています。
話の内容はいいのにこしたことがありませんが
もっと単純なところでスタートは決まるということです。
まずはじめにつまずいてしまうと、
人はそこに話を聞こうというスタイルにはならないでしょう。
だからこそ、脳のシンプルな部分で
「好き！」と思わせる「魅せ方」が出来るかどうかが
政治家が意識を高めないといけないと思います。

そのために、アメリカでは当たり前のように「イメージコンサルタント」を専属でつけ
その時その時の魅せ方を、かなり戦略的に作っています。
ニクソン氏とケネディ氏の話は有名で、テレビが普及が急に始まったころ、
ラジオ討論会では優勢だったニクソン氏が、
テレビ討論会では、ケネディ氏は優勢になり、見事　大統領に！
そのとき、初めてアメリカでも大統領選に、
「イメージコンサルタント」がついたと言われています。
２０１０、夏の終わりの民主党の大阪代表選でも、かなり面白い光景が見えました。
街頭演説で、菅氏はノーネクタイ、ノージャケット、腕は巻くしあげてのスタイル！
フレンドリーと言えばそうですが、
何か日本を任せるには重みが感じられませんでした。

その一方、小沢氏は、いつもはというか、
この代表選にでるまで、ほとんどネクタイは〝ブルー〟
なのに関わらず、代表選にでた次の日からネクタイは〝赤〟に変わりました。
大阪でこのお二人の週末街頭演説の模様が、月曜日のワイドーショー初め

各メディアに取り上げられました。

その際、菅氏と小沢氏の「魅せ方」の違いが明確でした。

そして次の週の街頭演説では、菅氏もジャケット&ネクタイに変えて臨んでいました。

たぶんそこで初めて、お二人が同じ土俵に立った感覚で、

だからこそ、服装には着目せず

話の内容に耳を傾けたくなった人も多いのではないでしょうか。

第三章

〝キラリーマン〟は2つの分析能力を持っている!

１　〝きらり〟と光るにはタイプがある！

営業という一番、わかりやすく評価が伴う職種

そこに〝きらり〟と光る「イメージ戦略」を当てはめる場合

二つの視点を知り自分の方向を決める必要があります

ひとつはノーマルパターン

いわゆる一般的な好感度をあげるイメージ戦略！

もうひとつは個性売り・カリスマパターン

自分にしかなく、嫌われる方からはＮＯがハッキリでますが

気に入って頂けた方は絶対的なファンになっていただけるイメージ戦略！

自分がどちらで売りたいかを
まず決めてください。

それぞれのメリット、デメリットがあります！
自分の年齢、ポジション、社内マーケティングなども加味してください。
それぞれの**イメージ戦略**を更にお伝えしていきます

2 〝キラリーマン〟の基本パターン

ノーマル営業魅せ方パターン
決してノーマルが悪いわけでもなく
むしろ一番好感度が高いタイプです。

こちらのターゲットは

女性、年長者、固定観念の強い方などへのアプローチ向け

あなたがまだ営業として、日が浅いのでしたら
まずはこの魅せ方からスタートしてもいいかもですね。

ポイントは〝清潔感〟。
ここで注意は清潔であることではなく↓それは自分目線だから
〝清潔感〟ということ↓他者目線

全ての魅せ方のポイントに〝清潔感〟意識してみましょう！

①身だしなみ：基本的なお手入れの部分を丁寧に！
自分の基本的なヘアやひげなどのお手入れ、手のつめなど
自分自身の基本的なマナーとしての心得を持ちます。

匂いに対しても、意識して欲しいですね。

②身だしなみ：ファッションにおいてのお手入れ

ズボンのプレスやYシャツのパリッ感など…
よれよれのシャツにパンツしわくちゃなんて
論外ですね。

そしてそれができてこそ
次にノーマルパターンでありながら
〝自分らしさ〟をどのように表現して魅せていくかです
ノーマルスタイルでの営業のポイントは〝清潔感〟
とお伝えしましたが

それだけでは、
「うーん、まあ合格点！」
「好感は持てるわね！」という段階までは進めるのですが
近年、ネットでの購買行動プロセスモデルとして

「ＡＩＳＡＳ」というモデルが提唱されつつありますが、
ネットではなく、リアルにお会いしての営業で
「見込みのお客様が、商品を買うかどうかを決定するまでにたどるであろうと思われる心理過程」＝ＡＩＤＭＡの法則

それを〝魅せるノーマル営業〟に当てはめると

◆Ａｔｔｅｎｔｉｏｎ：注意をひく！

＊例：・テーマカラーを決める！
・どこか一つ！ファッションのこだわり！
オリジナリティ要素を入れる。

あれ？　おっ？　覚えちゃう！

◆Ｉｎｔｅｒｅｓｔ：お客様に商品の関心を！

＊例：自分という商品または、扱うものに関心を！

単に表面的なことだけでもないことを知っていただく

◆Desire：お客様の欲求に応える！

＊信頼と差別化を清潔感＋＠で示す

ここまでくればあとは売りたいものの
内容を、お客様が欲しいことを中心に提示

◆Memory：お客様が納得、わかるへ！

＊商品内容を知り納得する！

あなたでないと…になれるように！

◆Action：購買など具体的な行動へ！

*リピーターされるようにいつも同じ自分を提示できるように
よりあなたでないと！になるように

私がお伝えしているのは、
「ファッションについてですか？」と聞かれますが
そうではなく…

仕事ができる雰囲気がきらりと光る〝キラリーマン〟をつくる印象！
その全てを掌る全てを「イメージして戦略をたてる！」ことです

では印象を掌るものって？

3 〝キラリーマン〟の印象をつくるものは？

男性用

外見‥お顔、洋服などや見た目の印象

話し方‥ゆっくりお話するのか？　声は高いのか？
　など声の印象プラスお話、耳からの情報の印象

仕草・表情‥いわゆる立ち居振る舞い、表情から感じる印象
　ファッションと連動してないとおかしなことになる印象

清潔感‥こちらについては後の章で詳しくですが、男性はここが重要

ＴＰＯに応じた自己表現‥こちらは、一見忘れがちで自分の中で誤りやすい印象
　こちらの自己分析の高低で〝きらり具合〟が違う印象

これらの印象を左右する2つの分析って？

＊分析＊：カラー・骨格・顔型などの分析…自分の持っている個性→個性分析

　　　ビジネスシーン、ＴＰＯの分析…自分のおかれている環境→環境分析

この2つの分析によって〝キラリーマン〟はきらりと光れるのです。

◆自分の持っている個性＝個性分析

　生まれながらに持っていて、変わり難いもの

　顔の形、背の高さ、肌の色など自分に生まれながら持ち合わせているものの分析

　専門家の診断などが必要になるもの

例えば「パーソナルカラー診断」「骨格診断」「顔型診断」など

こちらは知識として一度知れば自分のビジネス服・スーツなどにも活かせます。

私は、個人コンサルタントよりも、

セミナーなどを多く行っているわけもここにあります。

みなさん、お一人お一人が自分自身が

セルフプロデューサーになれる基本情報をお伝えしています。

◆自分のおかれている立場・環境＝環境分析

こちらは、そのときどきで変わるもので、仕事においていえばどのような職種で、どのようなポジショニングで、どのような人と会い、どこで仕事が成り立つのかなど自分の仕事の環境、立場そして、取引先、営業先など先方を分析することも忘れてはなりません。

4「カラー」で人との距離感をはかる

外見として一番占める割合の多い服・「スーツ」そのスーツスタイルには、

〝キラリーマン〟は、２つの分析能力を持っている

カラー・デザイン・素材があります。
まずカラーについて、
どのように戦略的に活かすかをお伝えします。

私が考えますカラーは相手との関係を図るものです。

パーソナルカラーは自分の肌に合う色

パーソナル診断を男性で受けられるかたはまだまだ少ないので
簡単にできる自己チェックをお知らせします。
折り紙の金銀入りから、金と銀を使ってみます。
それぞれの紙の上に、手を置いてみてください。
どちらの手が綺麗にみえますか？
また真っ白な、 そう画用紙のような白と、 アイボリー系の白でも同じです。

銀色が「ブルーベース」　まっ白なピュアホワイト
反対に黄色っぽいアイボリー、金色は「イエローベース」

男性の場合はどちらかを知ることだけでも大丈夫です。

そして、人との距離感をはかる上で重要なのは
カラートーンです。
カラートーンは、色の強さです。
ピンクでもショッピングピンクとベビーピンクは違いますし
同じ女性が着ていても、受ける印象は全然変わってしまいます。

わたしは、講演活動を行う際にはこのカラートーンはかなり意識します。

会場が１００人ぐらい、20人ぐらいのセミナーか
部屋、規模、参加者の傾向などあらゆるリサーチして
そのニーズを満たす為に最初にすることは

〝キラリーマン〟は、２つの分析能力を持っている

どのくらいのトーンでいくべきか知ることです。
要するに色の強さを効果的に使えるようになれば
コミュニケーション能力も高まるということです。

まずは、金か銀？　アイボリーかピュアホワイトか？　サーモンピンクか桜のピンクか？
お顔にあてて、どちらが自分の肌が綺麗に見えるか知り
そのあとは、どのように自分を魅せたいかを考えてみましょう。

例えば、「プレゼンテーション」において

◆プレゼンをする本人
◆プレゼンを補助する人
◆プレゼン会場など準備をする人
◆プレゼンを評価する人

その立場をサポートするために〝色〟の特性があると思います。
色について簡単な基礎知識があるだけで、違います。
資格を取るわけではないので、

簡単な色に関する本を一冊持ってみたらいかがでしょう。
コーディネートの際の参考にもなりますし、基本アイテムを選びやすくなります。
どのようなカラーの本でもいいので、
書店に行き手にとっていただいて、興味が持てたものがおススメです。

5 骨格診断によるスタイル&センスUP

私の講座ではかなり興味をいただけるのが「骨格診断付き講座」です。
先ほども服には色：デザイン：素材があるとお伝えしましたが
似合う色がパーソナル診断、
ポジショニングトーンがトーン診断だとすると
似合うデザイン&素材を知るのは「骨格診断」です。
骨ですので、お肉がついても変わりません。
骨格診断の書籍もなく珍しいので少し詳しく書きますと

◆「骨格」は3つのタイプ◆に診断できます。

通常、セミナー、講演などではここで恒例〝手首チェック〟をします。
例えば、女性がウエスト65センチでも、筒のようなタイプでも65センチ、
身体が薄い平目タイプでも65センチですよね？

そこでまずは筒のようなタイプを
「ストレート」といいます。

野球選手でいうと松井選手、清原選手のような人
この方たちの特徴は、
ウエスト位置が高い、腰の後ろが張っている、
足のラインがまっすぐ、胸が骨で高いなどいくつかあります。
女性でいいますと、米倉涼子さん、藤原紀香さん、
松下由紀さんのような外国人に多いタイプです。

そして身体が薄く、平目のようなタイプを
「ウエーブ」といいます。

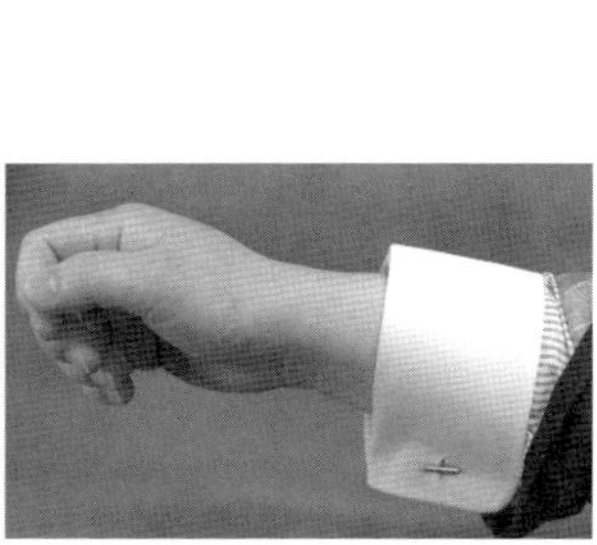

野球選手ではイチローや、新庄選手のような方です。

この方の特徴はウエスト後ろの腰が薄く、
ウエストマークがつきやすい、胸も高くない
…など上げられます。
女性では、黒木瞳さん、松田聖子さん、
中山美穂さんのように日本人に多いタイプです。

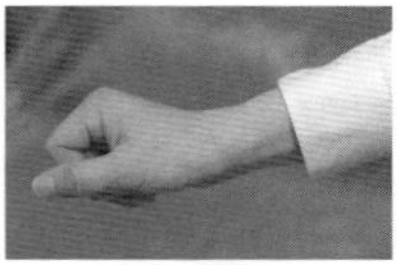

そしてあとひとつが、日本人には2パーセントしかいないと言われる
「ナチュラル」

ＳＭＡＰの草薙くんなどが典型的で、関節が目立つ方です。

では、このような骨格で何を知るかといいますと
それぞれのタイプに合うものを選ぶと、
〝スタイルUP…センスUP〟して見える効果があるのです。

〝キラリーマン〟は、２つの分析能力を持っている

街を歩いていると、オシャレで目を引く方は、
この骨格に合うアイテムを経験値の中から知っている方です。

講座では、それぞれの骨格に合う、〝デザイン&素材〟をお伝えし、
例えば、女性向けでは、同じ**ジャケット**でも、
それぞれの骨格に合った〝デザイン&素材〟を知っていただきます。
〝デザイン&素材〟による「魅せ方」の違いを
実際に参加してくださっている方々をモデルにして行います。

男性の場合ですが、「骨格診断」でわかるのは、
〝似合うスーツの形〟です。

「ストレート」のタイプの方は、基本Vゾーンが深いほうがお似合い、
ウエストシェイプも高い位置で、くびれが強いものより、
ゆるやかのほうがいいです。
後半で、モデルさんの写真もまじえて、解説しております。

そしてＷのスーツは、こちらの骨格の方の身体の厚さが活かされます。
〝ストレートタイプ〟の生地のの特徴は、「かたさ・はり・光沢」この３つです。

反対に「ウエーブ」のタイプの方は、Ｖゾーンはそこまで深くなく、
ウエストシェイプもあり、身体に沿うタイプ。
こちらの生地の特徴は、「やわらか・ふんわり・マット」です。

この特徴を目安に、
スーツデザインを比較して着て比べてみると違いに気づきます。
男性だけに限らず
女性の場合でも、ジャケットの特徴も同じです。
そして是非、既成のスーツで、同じ色でデザインだけ違うものを着比べてみてください。
すると例えばＶゾーンの違いによるのか、
ウエストシェイプによるのか、自分のスタイルＵＰ、センスＵＰする
アイテムが絞り込まれてきます。
この比べるというのは、重要なポイントです。

６ 顔型で印象をつくる

お顔の形は、それぞれちがいますよね。
丸形、四角、三角、卵、逆三角形、ダイヤモンド形など…
実はこの顔型での印象がかなり差があります。

色もデザインもそうですが、その特徴にはプラスとマイナスがいつもあります。
例えば、丸形のお顔の方は、
優しい、穏やかにも見えますが、のんびり、幼いなども
印象も伴います。

ではさて、この顔型、
女性の場合は、ヘアスタイルでかなり調整もできますが、
男性の場合はかなり難しい。

さてそんな時、男性はなにで行うかです。

それはYシャツの襟型です。

Yシャツの襟型で調整されることをおすすめします。

自分の顔から受ける印象を知る↓
自分の居る場所で何をアピールするか、またはザンネンマンにならないようにするか↓
ちょうどいいYシャツの襟型を選ぶ。

Yシャツの襟型は、オーダーでも作れますが、今は既成でもかなりありますので、大丈夫です。

ただYシャツは試着が難しいので、袋に入ったままでもいいので、ぜひ自分のお顔にあわせて見てくださいませ。

お店によっては、スーツのVゾーンに合わせることができるツールがあります。

自分のお顔で、どのように見えるか知ってみて下さい。

女性では、Tシャツ類のようなカットソーの襟型です。

自分のお顔を活かす、襟型を見つけることを、
個人コンサルタントでは、襟型診断として行っております。

7 ザンネンマンとは？

さて、ここまでお伝えして、
具体的な「骨格診断・顔型診断」などがあり
それにより似合うスーツアイテムを見つけることの必要性は
感じて頂けましたでしょうか？
今までは、〝あなた〟、そうご自身の持っている個性を自己診断する方法でしたが
〝ザンネンマン〟にならないには、それ以上に大切な分析力があります。

◆ビジネスシーンを分析
どこで、だれと、なにを…それを頭の中で描き、
だからどんな感じが求められる

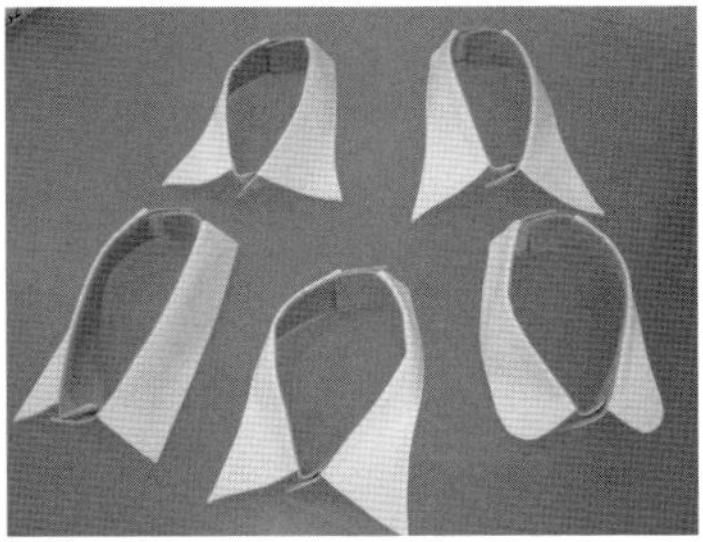

が想像できれば、〝ザンネンマン〟はさけられます。

たとえば、今日はプレゼンテーション、
どこで‥自社の会議室
だれに‥取引先の企業、自分より年長者
なにを‥自社の新しい商品

しかし、描けず想像力がないと、誤った魅せ方になってしまうのです。

◆ポジショニングを分析

ビジネスシーンの分析ができましたら、さらに一人ではない場合、
今日の、今の自分のポジション、役割はなんだろう?
ポジション‥プレゼンテーションする人、サブ、スタッフなのかによっても
きっとネクタイ1本でも受けるイメージを演出できるはずです。
そこまで考えて魅せることができたら、かなりの‘キラリーマン’になれます。
プラス季節感なども取り入れて、〝個人の魅力〟とTPO分析の融合で、
〝きらりと光るキラリーマン〟になれるのです!

第四章

〝キラリーマン〟はスーツスタイルで差がつくことを知っている！

1 ベストサイズを知ろう〈スーツデザイン〉

あなたは自分が一番カッコよく見える
サイズ知ってますか?

サイズって一口に言っても
様々なファッションのバランスサイズ

〝キラリーマン〟はその微妙なバランスサイズ感で
自分がよりカッコよくなることを知っている方です

ではそのバランスサイズ感といっても
どのようなサイズでしょうか?

例えばパンツのすそ幅
最近の「LEON」などをよくご覧になっている方は

〝キラリーマン〟は、スーツスタイルで差がつくことを知っている！

そのすそ幅や丈にかなり注目されていますが
ただご自身にはどの幅、丈がスタイルアップしてみえるか
ネクタイの太さにしても
自分の身体、お顔の形で　どの太さが一番
センスアップしてみえるか？

またデザイナーブランドの特徴的なラインを活かしたい
ゆえに自分のボディーのサイズまでストイックに調整されたり
ファッションを楽しむゆえに、こだわるところはこだわる！

そんな男性は自分が一番カッコよく、
スタイルよく魅える方法を知っていらっしゃるのです

ファッションは一つの事例で

男性でも女性でもそうですが

自分がベストに状態を知っているかどうかが
大きな違いとなってきます。

男性のみならず、「キラリー女《ジョ》！」にもそれは当てはまるのですが
スーツにおける〝ザンネンマン〟にならないポイント
まとめてみましたのでチェックして見てください。

①胸元、襟のゆるみサイズは?

襟とシャツの間に手の甲一つ分の緩みがベスト
ゆるすぎては、ボタンを締めても変に空きすぎてＮＧ

きつすぎては、シワがよってしまいます。

②自分の胸のカーブは?

自分の胸のカーブに沿うカーブを描く上着を選びます
後ろ姿は、中心から肩にかけて
まるで「富士山」の裾野のようなラインが綺麗にでるのが
いいですね。

③ウエスト位置は?

だいぶ皆さんお分かり頂ける男性は増えつつありますが
ウエストライン、ぴったりのところでパンツは
ぜひ履かれるように
よくお腹がメタボでいらっしゃると

ちょっと下がったところで履かれる方がいらっしゃいますが、
それはＮＧでキチンと高いウエスト位置で履かれることで
パンツのラインが綺麗に出ます

④ズボン丈は？

現在かなり短めが流行っておりますが…
基本は靴に少しかかるぐらい。

お好みもあるかもしれませんが
靴全体にかかりすぎるのは
重い印象を与えて、すっきり感には遠くなりますね。

⑤清潔な袖丈サイズは？

Ｙシャツの袖口は、スーツの袖口より
１，５センチぐらい

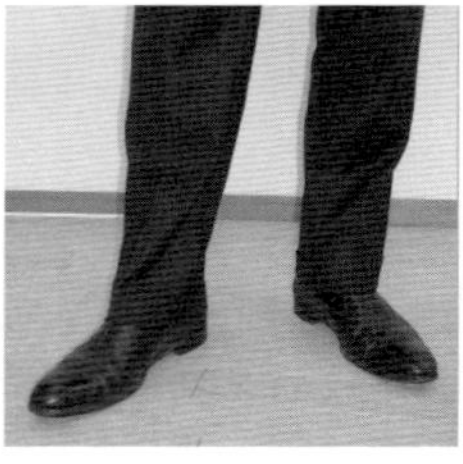

見えすぎても、見えなすぎても、
そしてそのチェックをするのは、写真のように
手を下ろしてみて…

⑥ネクタイとYシャツのピッタリサイズ感?

よくテレビでも見ていて気になってしまう
Yシャツとネクタイの隙間
私が一番気になるところ!
というのは暑い時期にも多いのですが
それに関わらず緩んでいらっしゃる方が多いです
思わず、「キュッ」としたくなります。

やはりしめるところはしめる。

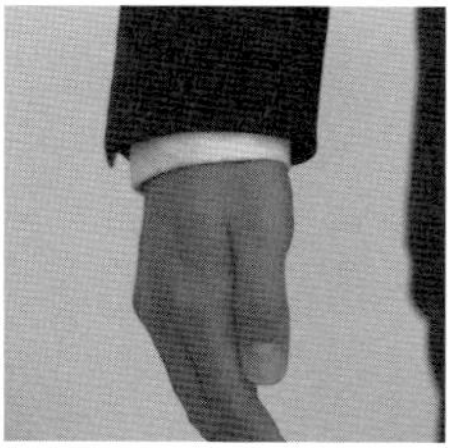

それが男の美学でもあり、
＝〝キラリーマン〟のファッションだと
思います

それぞれ個人がこだわるサイズ感はあると思うのですが
〝キラリーマン〟のベストサイズをお伝えしました。

2 スーツ柄の違いを知ろう・生地

第三章で、骨格診断による生地のポイント、思い出してみてください。
ストレートの方は「かたさ・はり・光沢」
ウエーブの方は「やわらか・ふんわり・マット」です。

生地には柄もあります。
男性のスーツには、柄に寄る印象の違いがあります。

スーツの場合は、ストライプで一見大差がないように見えますが、
実は全然違います。

単なるストライプに見えますが
そのストライプの幅、中の色、
ストライプのコントラストなどによって、人に与える印象は違います。
ファッションにおいて、服が目立つのではなく、
服を着る自分が引き立つことが大事です。
くれぐれも、着られて感では〝ザンネンマン〟になってしまうのです。

3 Vゾーンの印象・Yシャツ

スーツ＋Yシャツ＋ネクタイでつくるVゾーンを知ろう。
この印象次第で〝ザンネンマン〟になってしまいます。

まず、皆さんはどのような観点で日々選んでいらっしゃいますか？

Vゾーンの印象を作るのは　主にこの2つ。

少し離れて見える全体のスーツシルエット&Vゾーン
パーソナルゾーンに入らないぐらいの距離からみえるVゾーン

Vゾーンは
スーツのVの深さ＋Yシャツ襟型＋ネクタイ　この3つのバランスです。
ファッションの基本はバランス＝さじ加減ですね。

その一つ「Yシャツ」は皆さんはきっと
①色
②無地かストライプか
③素材　洗濯においての機能性や便利性
「襟型」という選択肢があったとしても

多分、
〝ご自身の顔型〟と〝魅せたいイメージ〟の
バランスはいかがでしょうか？
様々な襟の印象は
女性のカットソーなどの襟ぐりと同じぐらい
印象を作るのに必須な項目です。

例えば、逆三角形のお顔型の男性が、
お仕事は、女性ターゲットの営業の場合
襟先が鋭角、首元も細くシャープな印象のＹシャツ

より顔型の印象が強くなり
・神経質
・きつい
・細かい
・質問しにくい…
そんな印象になってしまいます。

しかし、もしお仕事が
技術者でターゲットも男性　専門家のみ
そんな場合でしたら、上のような印象は

・繊細
・丁寧
・緻密
・職人的

そんな印象受け取られるのです
普通、「顔型診断」といいますと
自分のお顔だけの印象をマイナス→プラスに考えますが、
実は、自分を取り巻く環境分析
その中で
「どのように魅せると効果的か」＝〝キラリーマン〟になるわけです！

4 ネクタイで想いを伝えよう〈ネクタイ〉

男性のVゾーンの演出は、メッセージ。

その中でもネクタイの占める割合は大きいです。
第二章の政治家の魅せ方でも、定番のスーツスタイルの中で、
印象を大きく左右しているのはネクタイです。

アメリカの大統領選挙では当たり前となった「赤」、
その「赤」もプラスとマイナスのイメージがあります。
色もデザインも全て、プラスとマイナスの効果があり
その意味をキチンと把握した上で、使いこなすことが必要です。

簡単なネクタイの基本情報を知っていれば、
ＴＰＯに応じて使いわけができ、失礼なイメージを与えてしまう
〝ザンネンマン〟は避けられます。

ネクタイ‥あなたが伝えたいメッセージと一致させる。

◆色

赤‥　＋‥情熱　積極　革新　パワー大　－‥強い　おしつけ　くどい　はげしい
黄‥　＋‥快活　陽気　目立つ　明るい　－‥幼い　低級　やかましい　軽い
青‥　＋‥誠実　信頼　理知　さわやか　－‥冷たい　消極　さみしい
紺‥　＋‥信頼　敬意　清楚　規律　まじめ　－‥冷たい　一律堅苦しい　融通がきかない
紫‥　＋‥高貴　華やか　雅　おしゃれ　－‥神秘　不安
茶‥　＋‥落ち着き　自然　重厚　シック　－‥地味　老けた　平凡
ピンク‥＋‥優しい　かわいい　華やか　ソフト　－‥かわいい　甘えた　軽い
緑‥　＋‥さわやか　清潔　ナチュラル　－‥地味　大人しい

◆柄

ストライプ‥戦う　攻め…スピーチ、営業　プレゼン向き
クレスト‥組織、集団…所属柄としてチームでの行動向き
小紋‥落ち着き、安定感…万能アイテム、謝罪に向き、必ず一本は持っていたい
無地‥カラーイメージ…はっきりした色の主張がある、メディア向き
水玉‥洗練、エレガント…社交場、パーティー向き

水玉の大きさが大きくなるほどカジュアル
ペイズリー‥優美、華やかさ‥パーティ、個性的な演出向き
チェック‥親しみやすい、気取らない…コミュニケーション向き

5 靴をローテーションで楽しもう〈靴〉

年末年始、忘年会、新年会で
お座敷系で〝靴〟を脱ぐシチュエーションの場合

思わず目につく、〝靴〟の数々。

こんな際に〝キラリーマン〟の靴は輝いて見えます。

よくスーツスタイルで一番投資するのは
〝靴〟って聞かれたこともあると思うのですが…

実際、そんなに靴にお金をかけるより
〝キラリーマン〟の魅せる〝靴〟についてお伝えいたします

連日、同じ〝靴〟を履かない。

最初用意する際は、３足なら3倍、5足なら5倍
お値段はかかってしまいますが…
結局休ませて履くので長く持ちます。
ローテーションを組んで、ＴＰＯ別にちょっとした
デザインの違いで工夫してみてもいいですよね

シューズキーパーを利用。

自宅に戻り、靴を脱いだら、まず軽く布で拭き

シューズキーパーで形を整えます。

一日のあなたの履きクセを戻すようにしてみましょう。

もしかなり強い雨 の日を過ごしてしまった場合は
新聞紙の上において、何か斜めになるようにでも
底が乾くようにしてみてくださいね。

もっと塗れて、形崩れしそうなときは
新聞紙をつめて、水分をまず吸収！
数時間置いたら、その新聞紙を交換して
また吸収させてみてくださいね。

靴はひと手間をかけることで
ずっといい状態で履けて
履いているその方のクオリティも高く魅せてくれる

そんなアイテムですよね。

〝靴〟を脱ぐ際に「しまった」なんてことにならない
為にも日ごろからのケアをおススメします。

6「香り」で選んでみよう〈フレグランス〉

〝キラリーマン〟なら〝香り〟にも手を抜かないって想いませんか?
自分自身をトータル演出する場合、
最後に身にまとうものとして大切なもの
それは〝香り〟。

日本人にとって　実は〝香り〟という文化が盛んな時代もあったはず
特に色恋の話を語る上で「源氏物語」の中では
女性の名前にも〝香り〟という視点も

入っていましたよね。

日本人にとっての〝香り〟の基準は

〝石けん〟に代表されるように　清潔感！

ここを外しての男性の魅せ方は好感度は生まれません。

では、どのようにして

「自分を演出する香り」を見つけたらいいと思いますか？

きっと皆さんは、自分に合う〝香り〟選びが一番難しいと思って

選べないのだと思います。

狙い方としては2つ…女性にもいえます。

一つ目は…自分のファッションやかもし出すトータルな印象全体を

統一して魅せる使い方

二つ目は…自分の意外性、ギャップ売りの効果を狙った魅せ方

２００６～２００９の私は
ほとんど〝クール系のファッションの日は↓あまーい蜂蜜、バニラ系の香水〟
たまに〝セクシー&フェミニン系のファッションの日は↓メンズ香水の爽やか〟
のように逆の感じで印象に残るようにしていました
様々なお店などで香水で覚えてもらうことも多く
かなり効果はありました。
でも皆さんが一番悩むのは
そのチョイスですよね？
だってＣＭでも、雑誌広告でも
〝香り〟はわからないもの
そして沢山ありすぎて、「どれがいいのかわからない」っていうのが現状だと思います。

そこでチョイスのポイント

１、ブランド重視型

・自分のブランドが固定されていらして、そこにこだわりのある方は

香水売り場に行くより、ブランド店、路面店があればそちらにて
お店の方に、香りをテイスティングして頂き、その名の由来や
コンセプトなどをお聞きして決めるのもいいでしょう。
・そのようなトータルな空間も楽しみましょう。

2、自分の嗜好重視型

・先ずは雑誌やＣＭコピーから候補を挙げる
または単にＰＣで「メンズ香水」で検索し候補を挙げる
・そして実際の香りをテイスティング
ではどこで？　どのように？
・接客が苦手な方は
香水が自分で香れるモールやスーパー、
またはハンズ、ロフトなどがおすすめです。
・私が楽しんで頂きたい方法はこちらで
百貨店などの〝香水売り場〟に行って
まず事前に候補にしておいたものをテイスティングして

そのあと自分がなりたいイメージや好きなイメージ
香水のイメージキャラクターなどを
お店の方にお伝えしてみてください。

いくつかご紹介してくださいますし、それも自分の知識になります。
実際私はこうして学びました。
いっぱい試しすぎて鼻がわからなくなると、
お店の方がコーヒー豆の香りを渡してくださり
鼻をもとにもどすのです。
＊注意は、ブランド香水の扱いは様々で「路面店」のみ販売のものなどもあります。
雑誌などで見つけた場合取り扱い店なども調べるといいでしょう。

ファッションはもとより自分を演出するものって
実は自分自身と向き合うこと
そして〝魅せる〟ことを覚えると→楽しい
それにはこんな手間も、「楽しむことで力に」して下さいね。

第五章

〝キラリーマン〟は身だしなみで差がつくことを知っている!

1　きらりん！「清潔感」

当たり前のようで実は加齢とともに基本となるのは
〝清潔感〟
〝清潔感〟とは、自分が清潔にしているかどうかではなく
相手に〝清潔感〟を感じさせているかがポイント
毎日、身体を清潔に保っていても、そのように見えていなければ意味がありません。
「そんな！大丈夫！」って思っている方でも
実は見落としてませんか？

清潔感があるかないかは
自分が決めるのではなく他者が決める！
それを意識していらっしゃれば大丈夫です。

それには自分を知りましょう。
汗をかきやすいのはどこか？

〝キラリーマン〟は、身だしなみで差がつくことを知っている！

良く行く場所はどこか？
ひげは伸びやすいか？…など
自分なりのチェックポイントをいつも意識することです！
それにより、ケアしなければならない為に必要なアイテムは揃えて
いらっしゃるといいでしょう。

例えばお顔がテカリやすい方は
ビジネスバックに「お顔拭きシート」を持参して
大切な打合せの前など拭いてから臨むなど…
ひげが夕方には濃くなってしまう方が
大事な会合や女性に会う前には
電気かみそりで整えてから臨むとか…

全ての方が
「こうしなさい」というのはありませんが
自分の体質や自分のライフスタイルを知っておくことで
対策しなくてはならないことは対策しましょう

〝清潔感〟はあくまでも
自己満足ではなく、他者目線。
〝キラリーマン〟の好感度を上げる第一歩は〝清潔感〟です！

2 ツヤ肌は仕事運UP

今やロフト・東急ハンズなどでは専用のスペースまで出来ている
〝メンズコスメブーム〟まだまだ続いておりますね。
韓流ドラマK-POPの流行とともに
男子のツルツルお肌が当たり前に。
たしかに、若い男性　20代前後を見ても
ニキビなど肌のトラブルがある人が少ない
皆さんお手入れに余念がないのでしょうか。

しかし、40代以上の方がちょっとお肌のお手入れをされている男性と
そうでない男性との差が歴然！。

キチンと最低のお手入れを継続していらっしゃいますか？
今や男性も基本のお手入れをする時代
ぜひ今週末　ロフト・東急ハンズ・ドラッグストアーなどを
覗いてみませんか？

髭剃りあとに、〝保湿〟を取り入れるだけで
全然お肌の感じがかわります。

お肌がキレイだと　それだけでかなり好印象！
女性ではないので「白い」にこだわることはなく

清潔感のある肌の質感でＯＫです。
洗顔、化粧水、クリームで　先ずは大丈夫
年齢に応じたものをお使いくださいね。

皮脂は年代によって違いますから。
大人の男性の良さを活かしてみてください。

若い時からのお手入れは、何十年後に確実に違います。
男性がお肌のお手入れなんてって思っていらっしゃいませんか？

女々しいことでも、特別なことでもないのです。
洗顔をきちんとし、髭そりあとのお手入れをちょっと加えるだけ。
それだけで何十年後のあなたのお肌は確実に周りの方をリード。

若々しさ・元気さ・エネルギーは髪・肌のつやから感じませんか？
いくら高価なものを身にまとっていてもお肌、髪がぼろぼろでは
素敵な男性に見えません

では何を？？？
まずあなたのシェービングはどのようにされてますか？

男性にだけ与えられた特権。
毎朝顔をみて、髭をそることでビジネス・オンになりませんか？
でもよく考えると毎日剃刀をあてるということですから。
角質もとれすっきりするかもしれませんがお肌はむき出しですよね。

そこで、シェービングのあとには
必ずローション&ミルクローションなどをつけてみませんか？
洗面台に一つ備えるだけ、
それをシェービングの後に、手に取りお顔につけるだけです。

その毎日のちょっとひと手間が、
あなたの何十年後の差に！

もはや「しみ」「しわ」は女性のものだけではありません。
今まで関心がなかった男性でもそのようなことを一つ取り入れるだけで
意識も変わりますし、なにより肌のきれいな男性は
女性の「清潔感」というポイントにもヒットします。

最近では男性誌もこぞって特集しておりますのでごらんくださいませ。

一歩先ゆく〝キラリーマン〟として
まずはスキンケアからはじめてみませんか？

3 上昇眉

女性の方ならよくおわかりですが
眉毛というのは、お顔の印象をかなり作っています。

でも男性が眉毛を意識されることは少ないです。

眉毛が濃いと強い情熱的な印象、薄いとクールな印象など
女性ほど、細くすることもないですし、書くこともないですが、
無駄な部分を小さなはさみでカットすることならできますね。

眉が下がってしまうと、印象も元気がなく、見えますので

〝キラリーマン〟の眉のお手入れは、上昇眉！

縁起がいいような眉がいいですね。

それには伸び過ぎや、下がり過ぎに

注意して

月に1回でも眉毛のお手入れを休日のシェービングの際など

時間があるときにしてみましょう。

4　話が聞きたくなる唇

乾燥って女性だけのものって思ってませんか？

〝キラリーマン〟にはひそかに意識している「乾燥」対策

特に乾燥が気になるのが〝唇〟

女性ならほとんどの方がリップはされるので保護もされておりますが

男性の場合、うっかりしていると唇が切れている方がいらっしゃいます

お顔を拝見した際に、唇が切れていらっしゃると
つい気になり目が行ってしまったりします

お顔の中で「目」の次に気になる箇所が「口元」
男性女性関わらず、「口元」というのは品性を感じるところだからです。
だからこそ、ご自身の品性を保つ為にも
「唇」ケアをしてみませんか?

女性ほど色をつけるわけではないので
簡単なリップクリームを、1本お持ちください
でも決して塗っているところを人に見られてはなりません

男性がリップを塗っている姿ほど、情けないものはないので
ぜひこっそり塗ってくださいませ。
また唇をなめるクセの方がいらっしゃいますが、

乾燥に拍車をかけますし、
ちょっと下品な感じになります。

唇はセクシーにもなるし、下品にもなるし
魅せ方次第で、あなたのデキる具合がわかるところ
ぜひ何気ないケアで、話を更に聞きたくなる〝キラリーマン〟になってくださいませ。

5 モノを言う目

仕事ができるって感じるには、やはりモノが言うのは〝目〟ですね。
では視線を効果的に使う方法を具体的に！

目が二重、一重とか形状のことではなく、
視線をどのようにいかすかが
一番だと思います。
視線がキョロキョロ落ち着かないと、

人間的にも信用性がないですし、
目を細めるように人を見る方ですと神経質に感じたり

意識してない時に撮られた写真などで
自分がどのような目の表情をしているか
知っているといいと思います。

女性をくどくには、ちょっとまばたきを少なく、じーっと見つめる！
それはかなり効果的です。

視線だけでなく、お顔の表情全てにいえるのですが、
見た目で損する〝ザンネンマン〟にならないコツは、
自分の表情クセを知っておくことです。

私なども講師をしており、
プロフィール写真などは意識して表情をコントロールしていますが
講演などで熱く話しだすと、自分では知らない表情が出ていて、

講演の写真など見た際に唖然としてしまう場合もあり、
意識しなくてはと思っております。

6 品性が表れる手

男性の指先というのは、
女性以上に時にはセクシーに、時にはNG、にうつるもの
だからこそ、〝キラリーマン〟はその効果を知っています

タバコがいいとは思いませんが、
現代のように健康のことなど言われないで
当たり前のように吸っていたころ、
タバコの所作を男性もよく研究したものですし、
女性もあの感じはいい！とか悪い！とかありました。
今や喫煙する姿すら自然に見ることもなくなり

新幹線のホームなど喫煙コーナーでまとまって吸っている姿はどうもいただけません。
そのぐらい男性の指の動きというのは、
女性にとっては効果的に仕えるツールです。

それは自分をどのように女性として扱ってくれるか
想像を掻き立てるものだからです。
まず、〝指が細く、長い男性〟は
それだけで所作が綺麗に優雅に見え大変お得です。
自分の手が綺麗だと自負している男性は

自然と手を誇張したり、ゆっくりした所作をすることも多いです。
自分に備わっている魅力は、ぜひ活かしたほうがいいのですから
繊細な自分、綺麗な自分、丁寧な自分、優雅な自分などを表すには
向いていらっしゃるかと思います。

そのような方は、チョイスするお店なども
自分の所作が活きるようなお店をおススメします。

〝キラリーマン〟は、身だしなみで差がつくことを知っている！

ビールで乾杯ってよりもシャンパンかワイン
ワイングラスを転がされる仕草はちょっとほろ酔い加減や好感のある女性だと
自分を投影してうっとりかもしれません。

では反対に〝男っぽく、ゴツゴツした指の男性〟はといいますと
男っぽさを演出したほうがお得です。

無理に繊細さ、優雅さ、丁寧さを演出するよりも
豪快さ、男っぽさ、たくましさを活かされる方がより男性的肉食的な感じがします。

ただここで注意しなくてはならないのは粗雑さや乱暴さは決してNG
ほどよい男っぽさで行きましょう。

そのためには
ちょっと力が必要なことなどでさりげなくアピール
先ほどのお酒のシチュエーションでいえば
まさしくビールのジョッキーですよね。

宴会などに、まとめてビールを指に挟んで持ってリーダーシップを
発揮されるとその男らしさがアピールできるかもしれませんね。

今回は女性とのお付き合いの中での
指がもたらす効果を書きましたが仕事でも名刺交換でも一緒です。

このように自分の〝指〟ひとつにとっても
その特性を知り、活かすことでより自分の魅力を表現できるのです
自分の持っていない魅力をうらやましく思う〝ザンネンマン〟ではなく
自分だからこそ持っている魅力を活かすことを知っているのが〝キラリーマン〟です。

7　一歩リードする立ち姿

お写真　撮影をコンサルティング！男性の印象をつくるものとして
〝立ち姿&歩き方〟はかなりポイントが高いです。

〝キラリーマン〟は、身だしなみで差がつくことを知っている！

いい姿勢を身につけると
スーツの後ろのポイント！
首筋から肩にかけるライン
いわゆる富士山の裾野のようなラインが
一段と綺麗にみえ、後ろ姿もキラリ

胸幅、いわゆる男性のボディラインのポイント
逆三角形ラインが、スーツの襟のカーブをより
すっきり胸にそってでます

スーツのクオリティがよりＵＰして見えてきます。

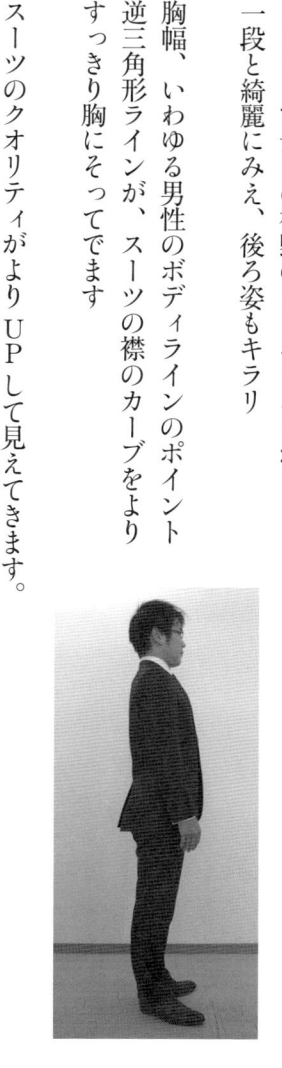

颯爽たる歩き方を身につけると
脚をつけねから出して歩くことで
脚が長く見えます

また残した脚も膝を伸ばして蹴ることで
体重移動をスムーズにすることで
スーツのパンツのラインが活きます。
最近は細身のパンツが主流、
ノータックなので
ウエスト、腰、ふともも、膝、足首までの
ラインが一本綺麗にでます。

そのラインを綺麗にだすことで
スーツが持つ、
デザイン、素材の持つ〝特性〟がより生かされます。
〝立ち姿&歩き方〟がパッとしないと
その効果が発揮されません。

男性スーツならではの、直線を活かしたラインを
より魅せるには、ぜひ〝立ち姿&歩き方〟も

専門家に一度習ってみることもおススメします。
身長が３センチ近く高くみえることもあります。

第六章

〝キラリーマン〟は心をつかむ演出力を持っている！

1 ライフスタイルによる〝キラリーマン〟の違い

もともと東京出身で、名古屋に嫁いできたからこそ
色々と面白く分析できる〝文化〟の違い
今や新幹線で　2時間もかからないところであっても
その文化の違いが〝魅せる〟ことにもあらわれています。
私は、名古屋でも「東京っぽい」と言われますし
東京でも「東京っぽい」と
ちょっとしたファッションや立ち振る舞いがそのように写るらしいです。
私からみて
〝キラリーマン〟の違いは？　といいますと…

まず東京にいる〝キラリーマン〟はライフスタイルから二タイプいます。
一つは関東圏タイプ☆
東京に仕事で通っているとはいえ、住まいは関東圏に住み
毎日1時間以上かけて通っているライフスタイル。

もっぱら、休日は東京よりも地元で過ごすタイプ。
車も、通常は使わない休日使用で、主にお買い物に
そのタイプの〝キラリーマン〟は時間管理はかなりストイックです。

何せ、朝から寡黙に三列に並び、ラッシュの電車に乗り込む。
五分おきにでる電車でも座ることもできないので
全てがスマートで、シンプルにしてないと困るからです。

電車の中のコートをチェックしてみると
生地など厚いものを着ていらっしゃる方がほとんどいない！
だって、下手に着込んだら、ラッシュ時暑くても
脱げない状況だからです。
なるべく、着こなし、持ち物など全てがスマートにしてないと
邪魔になって、男性として〝ザンネンマン〟なのです。

よくラッシュ時に、新聞も折りたたみ、チカンと間違われないため

手をできる限り、上に挙げ、朝からかなりのエネルギー消失です。
でも帰りもそんな感じです。
だからなるべくロスを減らしたファッション、歩き方、身のこなしを
感じます。
そうしないと、**多分生き残れていかないと思われる〝キラリーマン〟です。**

もう一つが東京圏タイプ☆
もともと東京生まれか、もしくは東京に家を設けたタイプ

もともと東京生まれも実は場所により違いますが
結構ノンビリタイプで、お店も当たり前のように知っているし
友達も皆周りにいるので、気軽に仕事の後車で遊びに行ったりしています。
ライフスタイルの中で
当たり前のように東京の良さを活かしている〝キラリーマン〟

東京で付き合うには大変おしゃれに演出してくれる〝キラリーマン〟です
会社が終わったあと、車を取りに行き

ライフスタイルを充実して遊ぶのもこのタイプですね
ノンビリはしてますが、
もともと素養で身についた〝おしゃれ感〟は女性にとっても居心地がいいです。

そして育ちは地方、でも今は仕事で東京に住んでいるタイプ。
こちらは東京への憧れが強いので、
結構頑張っておしゃれにしているタイプ

決して〝ザンネンマン〟ではないし、目利きも効くのですが
当たり前の環境ではないので
そこがわかってくれる価値観が好きかもしれません。

持ち物、お店選びなど
意外にこだわりをもち、おしゃれも自分流に東京を取り入れている感じ。

ちょっと他の人とは違う〝こだわり〟がわかるように演出したいのが

こちらのタイプかな?
でも大変研究熱心なので、一緒にいると勉強になるタイプかも。

一瞬一緒のような、〝キラリーマンたち〟

次は〝名古屋のキラリーマン〟を 私なりに分析しました。

2 名古屋の〝キラリーマン〟

名古屋っていうと
「名古屋飯」などをはじめ色んな意味でクローズアップされることも多いですよね。
もともと東京から嫁いできた名古屋、
そして最近東京へも仕事で行くので
その文化の違いも益々感じてます。
名古屋ってイメージすると

ビジネスでは新規参入が難しいところよく言われます。
現にコンビエンスストアや百貨店でもそのように感じたりはしますが
あとは、初期投資がかなり慎重派かと…。

ファッションへの投資が確実な結果を生むとわかり
初めて投資する傾向が高いと思います。
その為か、名古屋出身のかたはおしゃれに敏感か否かの
両極に分かれやすいです。

〝男のおしゃれ〟が何かビジネスなどに効果があると実感された方は、
そこに投資や関心を持たれます

しかし、そこに成功体験が結びつかないかたは
どうも後回しにしやすいですね。
そして、一度でも名古屋から東京や他の土地に転勤になられた方は違います。

名古屋は中小企業のトップの方も多いので
企業トップの方の意識が変わるとかなり
企業イメージも変わると思います。

〝ものづくり〟名古屋が、
更に世界に誇れるようになる為にも
まだまだ〝キラリーマン〟が増えていかなきゃいけないとも
思います。

スーツスタイルは全般的に地味目に感じます。
保守的なところがスーツスタイルにも現れていかるな？　とも…。

狭い東京ではありますが、職種によってはある地域に集中しており、
それによりスーツ傾向が分布されるように思います。
証券会社、金融が集中すると兜町あたり、卸問屋が多い浅草あたりの
スーツスタイルは違います。
名古屋の場合は、
以前よりも百貨店メンズを意識しだしましたし、

またセレクトショップも増えてきておりますので
ときに見て周ってセンスを磨くって方法もあり　ですよね。

そして、〝キラリーマン〟が増えると、
〝キラリーマン〟を意識する素敵な女性も増えるのは確実です。

3 「パーティー」などイベントの〝キラリーマン〟とは？

一年を通じて、ビジネスマンのイベントは多種多様

さて、そんなちょっとイレギュラーないわゆる〝飲み会〟に
あなたはどのようなスタイルで参加されてますか？

女性は必ず、意識してご参加なのに
会社帰りということで

〝キラリーマン〟は、心をつかむ演出力を持っている

そのまんま…ビジネスモードで参加されてませんか？

女性は特別扱いをされるのが大好きー。
自分はたとえ仕事帰りでもドレスアップして来たのに
同席の男性方が、いかにも仕事が立て込んでいるからと
その仕事スタイルがわかりすぎるファッションですと
ガッカリですよね。

そんなことを言っても、
仕事を片付けないといけない慌しい時期に
自分のおしゃれまで、気を配れないって思っていらっしゃいませんか？

〝キラリーマン〟は…そのようなことを区別できる余裕です。

それからちょっとした工夫で行えます。
パーティーや会に参加するまでの、ちょっとした時間で
仕事モードからの切り替え方を知っています

まずは、ここでも「清潔感」

・冷暖房などの温度差で意外に汗をかいていることも
におい対策…あなたの生活感がスーツにしみついてたりしてませんか？

てかり対策…どこでも気軽に買える　お顔ふきシートで、
行く前にサッとひと拭き。

モチベーションを上げる「TPO別演出」を身につける。

・参加する会の特徴をとらえて、簡単にできる「TPO演出」を
取り入れてみましょう。
・着替えに戻るのも時間がない方に手軽に出来る演出がございます。

ネクタイ…ビジネススタイルのネクタイ、例えばストライプなどでは
ちょっと華やかさというより、ビジネスモードが抜けない感じに
華やかさを演出したい

〝キラリーマン〟は、心をつかむ演出力を持っている

水玉‥水玉はドットが大きい程カジュアル、小さいほどクラシカルと言われております。

ペイスリー‥こちらもいいのですが、若い方ではおしゃれ感が高い方ではないと難しいアイテムです。

チーフ……スーツの胸ポケットにプラスするだけで、華やかさが全然違います。
過去、私の男性向けセミナーでも、目の前にてその様子をお伝えしますと、皆さんこんな小さな布切れ1枚がって感じで本当に驚かれます

くつ………靴をパーティー用に替えることは無理でもちょっと磨くことは可能ですよね？
パーティー、会に参加した際、それまでの仕事モードの「靴」のお疲れ感が見えてしまいますと、ガッカリしていいます。

和室で靴を脱ぐ場合など、特に女性はそんなところも見ていたり
ちょっとした気配りであなたの〝キラリーマン〟ぶりが発揮できます

そして、最後は〝最高の笑顔〟
どんなに、仕事が年末でバタバタしていてもそれを感じさせない表情！
それはあなた自身の魅力を更に高かめてくれます。

お疲れ感が出てるかな？　って思ったら
最高の笑顔が出るように身体も調整して
せっかくの機会を効果的に、楽しんでみてくださいね。

4 更に〝きらりん〟アップの魅せ方とは？

クリスマス、お誕生日など様々な記念日が女性は気になるものです。
〝キラリーマン〟はそんなとき、演出力のある方かな と…。

〝キラリーマン〟は、心をつかむ演出力を持っている

女性はイベント系に弱いもの。
誕生日、付き合ってこのくらい！など
男性にとってはたいして意味のない事柄に女性は意味を感じます
というのは女性は「特別扱いされる」のが大好きだからです
いつ何時も「わたしだけ～」「わたしのために～」で
胸がキュンとなるわけですが
男性によっては、そこがイメージできない方も多いわけで、
そこを上手くタイムリーにこなせる男性は必然的に〝モテる〟わけです。

〝キラリーマン〟は名プロデューサーか名演出家的スキルを持って頂けたらと思います。

付き合っている女性であろうが、彼女であろうが友人であろうが
仕事仲間であろうが、取引先であろうが
一緒の空間を共にする間、その空間をプロデュース出来る、
相手を最高の状況に活かせる男性こそが
〝キラリーマン〟。

かなり高度なテクニックがいりますが

相手を最高な状況に活かせる為の〝おしゃれ感覚〟まで
意識できたら、素晴らしいと思います。

ナルシストの男性は往々にして
女性的な発想も多く、プライド＋自分注目度を意識されますが
そこにいかに同席する女性たちを輝かせる

「ファッション・身だしなみ・立ち居振る舞い・表情」があれば完璧です。

例えば、いつもよりおしゃれをして集まるパーティーなどで
自分のＴＰＯに合わせたおしゃれをしていて、
普段お目にかかっているより、明らかにおしゃれをしている女友達を見つけたら
通常の挨拶だけでなく、ちょっとエスコートをしてあげる、
エレベーターの乗り降りなどでもちょっとした特別感をいつもでなく
その時だけすることで、あなたの〝キラリーマン〟ぶりがわかります。

いつなん時でも、女性に優しく、エスコートするのではなく
女性が特別になっているその時だけを
効果的にプロデュースできる男！が
グッとくる〝キラリーマン〟かもしれません。

5 まりあ流〝キラリーマン〟の作り方

こちらのM氏にまず
「骨格診断」
似合うスーツスタイルは？
M氏の骨格は
腰高、筒型、胸板も厚い方ということで
問題なのは「Vゾーン」の深さです。

上のスーツスタイルはVゾーンが浅いタイプ
ここをまず変えましょう

Vゾーン深めの2ボタン

シェイプしすぎず、ソフティな感じもある

デザインが決まったので次は
スーツの色・柄です。
Vゾーン深め！ボディラインがソフティに出るタイプ！へ
まず「スーツの色」

M氏はもともと「黄色み」がかった肌ではありますが、
それを身につけてしまうとちょっと馴染みすぎて
M氏が「本来求めているイメージ」とは違ってしまいます。

色の持つ意味から↓テーマカラーは〝ブルー〟，
〝ブルー〟の持つ
爽やかさ・精悍さ・誠実さ…M氏の仕事に必要なイメージ！
そこで選びましたのが　流行の薄めのグレーにブルーのピンストライプの入った
生地のスーツ。
デザインは先ほどのタイプ！
いかがでしょうか？
紺のスーツの時と印象が違ってませんか？

次はシャツの色と襟型
そしてネクタイでイメージ戦略を立てていきます。
みなさんはどのようにYシャツを選ばれますか？
・ブランド？
・カラー？
・サイズ？
そのような感じですか？

実は女性ではカットソーなどの「襟の形」に通じるのですが

お顔の身近のデザインにより

第一印象効果はかなり違います。

男性では「Yシャツの襟型」がポイントです。

このシャツ襟型は、特に半径３ｍ以内での印象に使えます。

ある程度距離がある所から　受ける印象

半径３ｍぐらいの所から　受ける印象

この２つのタイプの印象を意識して〝魅せてください〟

今回のモデルのＭ氏の場合

〝キラリーマン〟は、心をつかむ演出力を持っている

もともとお人柄も温かく、親しみやすく
仕事での情熱は胸に秘めていらっしゃいます。

でもそこで彼が魅せなきゃいけないイメージは
こちらのタイプのシャツではなく

彼の顔型からイメージを導いて参ります。
M氏はお顔型は　丸顔。
丸顔の方の印象は「優しい、温和、親しみやすい」
M氏が既にお持ちの資質は、既に「お顔型」で出来ているのです。
ならば、も少しプラスしたいイメージは?というと
厳しさ、精悍さ、頼れる感じ　そして強さを感じるものです
そこで　Yシャツの襟のポイント!
M氏の顔型をシャープに魅せるために

襟はちょっと鋭角なもの
そして襟と襟の角度は　広がり過ぎないもの

そして今回、M氏のテーマカラーとしての
〝ブルー〟も取り入れ
ピュアホワイト+ブルーのステッチの　襟ボタン2タイプを
チョイスしました。

そして似合うネクタイを　どこで！だれに！どのように！を基準に選んでみました。

例えばM氏の場合
・営業
・ビジネスコミュニケーション　年上、経営者、女性
・プライベートコミュニケーション　友人、知人、女性

〝どのように魅せたい〟かは…
「営業力が上がり、仕事ができるイメージ」。

最低3本ネクタイを購入するとします。

それにともないこんな優先順位で選んでみてください。

１、一番の目標　営業力ＵＰ　↓爽やかエネルギッシュ&戦う男

２、女性にも好感を持たれる　↓ソフトで、爽やか&気配りのできる男

３、人生の先輩にも心にかけてもらえる↓誠実で、腰が低く、でも情熱を持つ男

ネクタイの歴史を知ると大変面白く、
男性のスーツスタイルは歴史や伝統によるものが多く
奥が深いです。

ネクタイについては、次にさらに詳しく１〜３で選んだネクタイをご紹介します。

ビジネス・営業用

スーツよりちょっと濃い目のグレー地に
テーマカラーの爽やかなトーンのブルーとの
ストライプ！

全体にスーツの色味よりは主張があるようにしました

プライベート用

女性とのアフターファイブ用にすこし華やか
でも爽やかな〝サクラ色〟系のピンクに！
小紋といって特に主張のない柄が点在しているものに
ここで水玉にしてしまうと、ちょっと軽薄な感じになって
しますので大人しい小紋柄で丁度さじ加減がいいのです。

年齢上の方用

この時期は6月でしたので

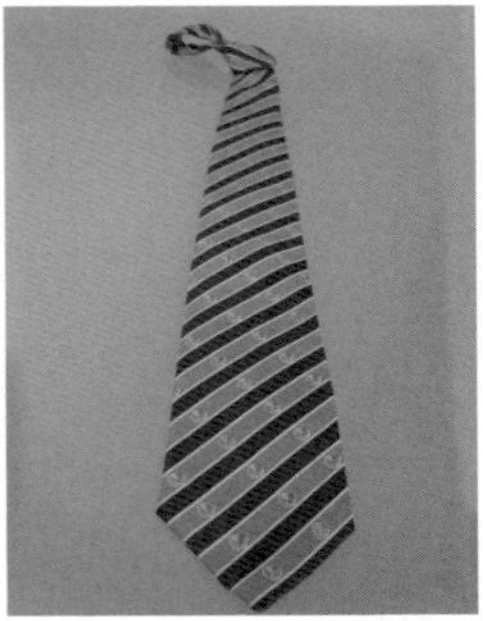

周りはクールビズになってきておりますが
年齢上の方とお会いする際に
それでは失礼にあたりますし、
でも暑苦しく感じを与えないネクタイ！
ということで、M氏の顔色が一番爽やかに見える
キレイな薄いブルーの小紋にしました！

夏が終わりを告げるころからは
少し落ち着いたブルーや紺でもいいですね。
たかがネクタイ！　されどネクタイ！で
貴方が相手の方に伝えたいメッセージ性を
持たせることがポイント！

そのためには
自分に似合うものを知ることと

どこで！　だれに！　どのように魅せたいか！
が大変重要な視点です。

〝キラリーマン〟はイメージ→分析→演出で、作られます。

６もし一、三、五万円で〝キラリーマン〟にになれるなら

皆さんがもし今月の予算で、１万円、３万円、５万円の余裕ができ、
それで即〝キラリーマン〟になれるとしたら

何から、取り入れられますか？

イメージ作りにかけられるのも然り
カラー診断、骨格診断など各種診断にかけるのも然り
身だしなみにかけられるのも然りですが

即効性ということで
「スーツスタイル」では1、3、5万円でどのように
変化できるでしょうか？

1万円では・・・

「ネクタイ」＋「チーフ」

あなたのお顔が活き、ビジネスのメッセージを込めたネクタイをして、
ポイントにチーフをすることで
あなたをご覧になった際のVゾーンから受ける印象が
かなり変わってくることでしょう。

3万円では・・・

「Yシャツ」＋「ネクタイ」＋「チーフ」

あなたのお顔型に合う、ビジネスの目的に合う

Yシャツの襟型を選び
お顔周りでネクタイやチーフだけでなく
よりお顔から受ける印象を良くすることで
更に、Vゾーンから受ける印象が3万円で変わります。

そして、5万円では・・・

「スーツ」＋「Yシャツ」＋「ネクタイ」＋「チーフ」

第4章でご説明したような
ベストサイズのスーツをまずお求めになり
いっきにスタイルUPし、Vゾーンを含め、
あなたのビジネスへの戦略として
トータルで印象を演出してみましょう。
同じ、5万円でもその使い方、アイテムの選択の仕方を
知って選んだスーツスタイルなら、

その金額の価値以上の効果を
あなたのビジネスにもたらすことは必須です。
ぜひ、できる金額からトライしてみませんか？

7 もしオーダースーツで〝キラリーマン〟になれるなら

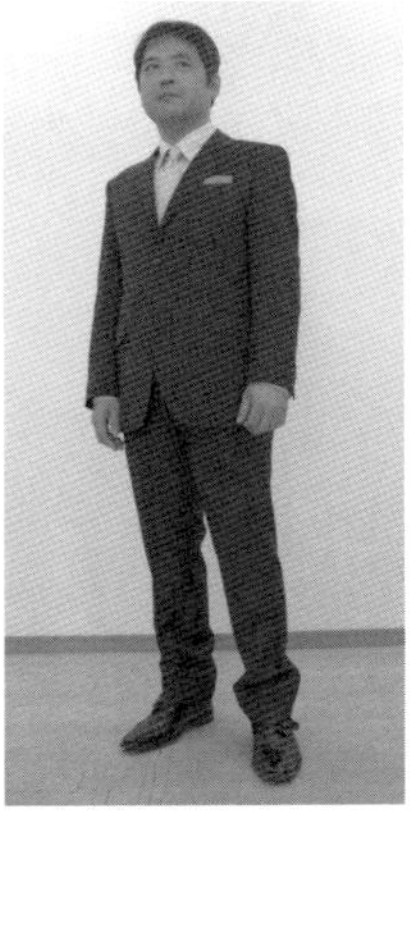

皆さんは、オーダースーツって、

・高級で手が出ないぐらい高額
・年齢が高い人がつくるもの
・普通のサイズでは、サイズのない人がつくるもの
・縫製は丁寧
・こだわりのある人が行くところ
・ちょっと敷居が高い

そんな印象をお持ちではないですか？

最近のオーダースーツのお店はかなり違ってきています。

名古屋で老舗の「森島羅紗店」では
かなりお値打ちな価格・およそ4万円からスーツを作ることができます。

でも、自分なりのこだわりも決まってないし
生地では出来上がりのイメージができないと思っていらっしゃいませんか？

初めての方でも大丈夫なように
オーダースーツのお店では
お客様の求めるイメージ、お仕事などを
対面式、1対1のゆったりした接客という形で
世界に一つだけの〝キラリーマン〟オリジナルスーツが出来ます。

ではその手順を具体的に

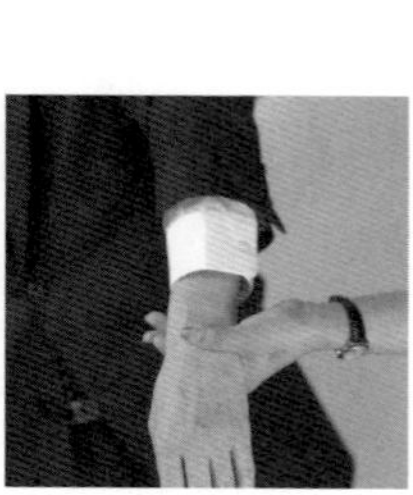

＜1＞生地選び

先ずはお店には
金額別に生地が並んでいます。
こちらのお店での金額は、縫製込みのお値段です。
ただ、オプションにつき、金額はプラスはされていきます。

お顔に生地を当てていただき
生地の色はもとより、ちょっとした柄・ストライプの違いで
印象の違いを比較して頂いて
お店の方とご相談しながらご自分を高かめてくれる生地をお選びいただきます。

生地が決まりましたら

＜2＞デザイン選び

流れにそってお店の方がひとつひとつ説明してくださいながら
全体のスーツデザインから始まり、上着のベンツタイプ

パンツのタック、パンツのすそなど
細かなデザインまで一緒に選択していきます。

＜３＞ボタン、裏地選び

オーダーの良さは、デザインのチョイスができる、サイズに合うだけでなく
素材ひとつひとつにもこだわりを入れられます。

何気なくついているボタンですが
実はこのボタンによってスーツの印象は変わります。
ボタンでも光沢のあるもの、マットなもの
スーツ生地と同系のもの、反対のもの・・・
ボタンは、かなり色々な見本と生地を並べてやはり比較して
選らんでみましょう。

裏地も、通常、出来上がりのスーツは、
同系色で統一されていることが多いです。

でもオリジナルだからこそ、
上着を脱いだ際など「チラッ」と見える裏地にもこだわりませんか？

時々、こだわりの強い男性ですと
表生地はいつも同じ様なタイプで
裏地にだけ、個性的な柄などを取り入れられる方もいらっしゃいます。

また裏地を替えることで、
自分のスーツとすぐにわかりやすいこともあります。

＜４＞いよいよ採寸

大体の目安の上着をお試しを着用していただくため
お店の方が採寸いたします。

その際、ご自身のライフスタイル
例えば座ることが多いとか、いつも傷みやすいのはここどか
そのようなこともお話されるといいかと思います。

オーダースーツでもかなり高額で
型紙からオリジナルでおこすところでは
どうしてもその部分の費用が発生するので
必然的にお値段もそれなりにしてしまいます。
もちろん、型紙からおこし、ご自身の身体を細かく採寸した
スーツにこしたことがないかもしれませんが

ある程度、規定のなかに、採寸やオリジナルデザインを入れ
簡単に〝オーダースーツでキラリーマン！〟になれます。

ですので、採寸をきちんとしたあとに
お見本の上着を着用して頂きます。

そして例えばお腹まわり、腕の上げ下げなど
着用してならではの着心地感や
その方独自の筋肉の付き方でどこにシワが出てしまうかなど
細かな調整をしていきます。

ここでもお店の方とのコミュニケーションをぜひ楽しんでくださいね。

＜5＞出来上がり

納期は3週間ぐらいからであなただけのスーツが出来上がってきます。

もちろん、そこでも試着していただき
最終チェック！

もし気になるところがあれば
遠慮なくその際にお申し出くださり
納得のいく、スーツにしてくださいね。

スポーツをしていらした方
既成のものでは、上下サイズが合わない方
こだわりを取り入れたい方
差別化したスーツを探している方などは

ぜひお気軽にできるオーダースーツのお店で
チャレンジしてみてくださいね。

きっと一度つくられるとはまってしまう方も多いはずです。

8もし〝キラリーマン〟がソーシャルメディアを始めたら

ソーシャルメディアの効果というのはあなどれませんよね？
ブログなど、まだタレントなどがするものって考えてませんよね？
いまや、ビジネスにおいて、
ソーシャルメディアで個の魅力を表現し
知っていただくことで、ビジネスに通じることが沢山あります。

〝キラリーマン〟は、心をつかむ演出力を持っている

映画「Facebook」公開にともない
より勢いを増してきておりますが
さて、その際、うっかりしてしまうのが
自分紹介の部分のプロフィール写真

履歴書に貼るような写真とはまた違った意味での
ソーシャルメディア内で自分が伝えたいイメージ
それをきちんと意識した写真はお使いでしょうか？

何気ないスナップ写真やあなたのビジネスに通じるイメージが
表現されていない写真は
かえってマイナス効果を生んでしまうことがあります。

なにも全て「好感度」が高い写真を載せればいいというものでは
ありません。
それこそ、リアルな魅せ方との連動や、
自分のブランディング表現として

イコールな写真かどうかが問題です。

ぜひ〝キラリーマン〟が
ビジネスツールとしてソーシャルメディアを
利用しようと思うなら、アイコンに使われる「写真」を
ぜひ意識して撮り、使われてくださいね。

9 ハートフルな〝キラリーマン〟

〝キラリーマン〟は恋活でももちろんリード！
仕事をしてても、恋も楽しむ余裕も欲しいです。

仕事も、プライベートも両輪で楽しめるハートの豊かさがないと
広範囲に〝人〟を愛せないと
単なる自己愛の強いこだわりやにしか過ぎないと

恋もビジネスも成就しないと思います。
広範囲に〝人〟を大切にできる人ならば…
それは友人も多いでしょうし、
ビジネスパートナーも多いはず
その愛情を表現するのは
やはりあなたのとびきりの〝笑顔〟です。

こちらに表情の堆肥のお写真がございます。
いかがでしょうか？

「男は仕事が顔に出る」とか
「男の顔は四十から」などという
言葉があるように、
あなたの生き様、魅せ方が
表情にも出てくるのです。

そんな愛情豊かな〝キラリーマン〟は大歓迎です。

〝ザンネンマン〟はその原因をいつも自分以外の他にあると考えてしまう人

ファッションなど印象を掌るものだけを大切にするのではなく

自分という空間を取り巻く人を大切に！

それが自分自身のブランディングを見える化すること！

その神髄を知っている方が〝キラリーマン〟ですね。

〝キラリーマン〟は、心をつかむ演出力を持っている

おわりに

私はいつもホントについているな～と思っております。
そして周りの方々と一緒に〝夢〟や〝幸せ〟を
感じられる環境に感謝です。

今回のこの出版に関しましてもその通りでした。
男性向けの「イメージ戦略」をお伝えしたくて
ファッションやイメージなど感性的なことを、論理的にお伝えできるか？
いつもそこを意識しながら講演・セミナーも行っております。

ファッションに関してののことを取り上げるものではなく
自分をブランド化するために、どのような意識、どのような方法が必要か
そのことを**イメージ→分析→演出**という
3ステップでお伝えできたらと思っておりました。
仕事ができ、きらりと光るビジネスマン＝〝ギラリーマン〟になれば

きっと人生の様々なチャンスが増えて、幸せ度が上がるはず…
でもちょっとした意識や情報の無さで
〝ザンネンマン〟になってしまっている方も多いはず、
私のこの本が、もしそんなちょっと〝ザンネンマン〟になりかけてた方に
きらりと光るきっかけにしていただけましたら嬉しいです。

この本の出版に寄せて「流行発信」の小堀社長、はじめスタッフの皆様、
そしてこの本に当たり写真などご協力くださった方々、
また、ビジネスにおいて、いつもお心にかけて下さってくださる方々
そして夢を一緒に語り合う仲間、
そして私をここまで支えている家族に感謝です。

この本を手にとって下さった方々に、人生が豊かに楽しくなる
沢山のハッピーチャンスが訪れることを
祈っております。

余語まりあ

ご協力いただきました方々※敬称略

〈モデル〉
浅井　達也
株式会社 スペシウム

淺倉　隆志
株式会社 フェーマス

大平　佳宏
大平経営

勝野　弘志
勝野弘志公認会計士事務所　公認会計士・税理士

坂田　誠
株式会社 はちえん

関口　範彦
株式会社 アークインターネット

羽田　佳典
会社員

三岡　弘幸
Ms Connect

山田　仁司
佐織屋

理央　周《めぐる》
マーケティング　アイズ

株式会社 森島羅紗店
〒 460-0008　名古屋市中区栄 3 丁目 23 番 11 号
☎（052）241-9111（代）担当者　伊藤
http://www.tonoblog.jp/blog/morishima/

丸の内カフェ
〒 460-0002　名古屋市中区丸の内 2 丁目 19 番 19 号
☎（052）232-6020
http://ameblo.jp/marunouchicafe/

〈撮影〉
カメラマン：坂野　旬　　前田　守彦

〈肖像画〉
色えんぴつ肖像画：小笠原　弘也

仕事ができる〝キラリーマン〟

余語まりあ（よごまりあ）

株式会社「サンリオ」に勤務、名古屋へ居住の地を移し、同社、出版営業に携わる。その後、子育て中に美容、「骨格診断」などファッションの資格を取り、「Y′s effect」を立ち上げ、2008年よりサロンにて個人向けサービスも開始し、2009年ブランディングについて学んで現在に至る。

講師業を中心にイベントプロデュース業を手がけている。

日本テレビ「魔女たちの22時」TBS「はなまるマーケット」CBC「イッポウ」にも出演。

「朝日新聞」「中部経済新聞」など講師として取材記事掲載。

「女性セブン」「日経ヘルスプルミエ」「クラースチーク」などにも掲載。

http://ameblo.jp/self-image-brand/

http://www.facebook.com/yogo.maria.collection?v=info

2011年5月28日　初版第1刷発行

著　者　余語まりあ
発行人　松本良一

発行所　株式会社ＡＤパートナー
〒460－0007　名古屋市中区新栄1－6－15
電話　(052) 264－9911
FAX　(052) 264－9912

発売元　株式会社流行発信
電話　(052) 269－9111（代表）
FAX　(052) 269－9119

装丁・デザイン
西村敏男

印刷所　長苗印刷株式会社
定価はカバーに表示してあります。
乱丁・落丁本はお取り替えいたします。